AF561897

CONFÉREN

Deux Révolutions. - Deux Républiques

PAR M. CORENTIN GUYHO

Député du Finistère

BREST

IMPRIMERIE ET LITHOGRAPHIE J.-P. GADREAU

Rue de la Rampe, 55

1876

CONFÉRENCE

Deux Révolutions. - Deux Républiques

MESSIEURS,

S'il est un droit qui tienne profondément au cœur des Américains, une habitude qui soit entrée pour ainsi dire dans leur tempérament, une liberté qui ait contribué chez eux au maintien et à l'affermissement des institutions républicaines, c'est le droit, l'habitude et la liberté des réunions publiques. Aux Etats-Unis, qu'il s'agisse de commerce, d'industrie ou de gouvernement, on se réunit. Dès qu'il a une idée, ce qui lui arrive souvent, l'Anglo-Saxon fait appel au public pour la mettre en œuvre. Dès qu'il a un grief, ce qui lui arrive quelquefois, il s'adresse au public pour en obtenir la réparation. — Sa colère se dissipe en s'exhalant librement devant ses concitoyens. Le *yankee* se calme plus facilement après avoir bien crié, comme ces veuves qui se remarient d'autant plus vite qu'elles ont versé d'abord des larmes plus abondantes. (Rires).

C'est par la latitude laissée aux réunions publiques qu'on peut juger de la liberté effective dont jouit un peuple. — Ainsi, qu'avons-nous vu l'année dernière dans notre département? Une modeste conférence déjà faite à Morlaix sans aucun danger pour l'ordre public, et interdite à Brest! — Je puis bien en parler ; car, aujourd'hui, c'est devenu pour ainsi dire de l'histoire ancienne, et, sous le régime actuel, on ne verrait certes pas se produire de pareils faits. (Assentiment). Donc, cette réunion fut interdite sous prétexte qu'elle avait lieu après le coucher.... du soleil (Rires), interdite au milieu d'une population dont on a bien tort d'avoir peur, car elle est aussi sage qu'intelligente(Applaudissements), et l'union s'y fait toujours facilement autour des idées de liberté et de patriotisme. (Nouveaux applaudissements). Cette interdiction tardive, intervenant après les déclarations déposées, les affiches placardées, et les places en partie retenues au Théâtre, cette interdiction, accompagnée de tout l'appareil de la force armée, les troupes consignées, les postes doublés, l'artillerie en batterie, ce fut, s'il vous en souvient, le dernier exploit de l'Etat de siége expirant. (Applaudissements). Voilà à quoi sert l'arbitraire : — On se crée à soi-même des embarras inutiles, et on sert, sans mériter notre reconnaissance, les candidatures républicaines. (Nouveaux et vifs applaudissements).

Comme contraste, qu'avons-nous vu, il y a quelques jours, en Angleterre ? — Un premier ministre, menacé par le flot montant de l'impopularité, personnellement attaqué, dans des réunions tumultueuses, par des orateurs passionnés, injustement accusé d'être le complice des atrocités commises en Orient, et qui n'en a pas moins rendu un solennel hommage au caractère légitime et à la parfaite légalité du mouvement d'opinion devant lequel il risquait de succomber. — Voilà comment les hommes d'Etat étrangers montrent qu'avec de l'esprit on sauve du moins une mauvaise politique du ridicule, et savent faire de la liberté un paratonnerre pour le pouvoir. (Applaudissements). Ils se souviennent, suivant le mot pittoresque de Lord Chatam, que les réunions publiques ressemblent à ces petites ébullitions qui poussent à la peau. C'est là le signe, sinon d'une santé parfaite, du moins d'une constitution robuste, et, en voulant les supprimer tout à coup, on risque de faire rentrer la maladie et de frapper le malade au cœur ! (Approbation).

Chez nous, la liberté des réunions publiques est encore bien restreinte. Est-ce une raison pour n'en point user du tout ? Non certes. Telle qu'elle est, mettons-la à profit, ne fût-ce que pour l'élargir par l'usage, comme ces vêtements un peu justes qui se font au corps à mesure qu'on les porte. (Murmures d'assentiment).

Etudier, avec vous, comment la Révolution américaine a réussi où la nôtre a d'abord échoué, comment la République américaine a triomphé d'épreuves dont il ne faut pas croire qu'elle ait été plus exempte que la nôtre, tel sera, si vous le voulez bien, le sujet de cette conférence.

L'Amérique, Messieurs, nous doit beaucoup, bien qu'elle n'ait guère paru s'en souvenir pendant la guerre de 1871 ; dans ses pénibles commencements, nous l'avons aidée de notre or et de nos armes ; nous l'avons aidée sans ambition, sans jalousie, sans intérêt, sans lui rien demander dans ses dangers qu'elle ne dût nous offrir dans ses prospérités. C'est l'armée française qui a achevé l'œuvre de l'indépendance américaine ; nous avons mêlé là nos cocardes et notre sang. Nous pouvons donc, sans fausse honte, emprunter aujourd'hui à l'Amérique ses fortes qualités, son caractère énergique, ses initiatives hardies, en un mot son esprit ; car ce ne sont pas des formes superficielles, des institutions secondaires qu'il importe d'imiter ; non ! il faut faire passer dans notre organisme propre ce souffle puissant, cette vie intense qui poussent sans cesse en avant la grande République, notre aînée et notre émule. (Approbation).

Sans doute, l'histoire intérieure d'un peuple est la leçon et le salut des générations nouvelles ; car elle constitue un tribunal qui, en condamnant le passé, épargne parfois quelques fautes au présent ; mais il n'est pas moins utile de vulgariser l'histoire des peuples étrangers ; car c'est là le vrai moyen d'établir entre les nations ce commerce intellectuel, ce libre échange de sentiments qui forment peu à peu un fond commun d'idées et d'intérêts, une sorte de solidarité bienfaisante. — Dans notre temps de télégraphes sousmarins et d'Expositions internationales, les distances sont supprimées, les différences s'effacent, et le cœur de l'Europe bat pour ainsi dire à l'unisson, le génie d'un peuple profitant à tous, tous profitant de l'expérience et des progrès de chacun, à la condition toutefois que personne ne s'isole dans une égoïste infatuation et dans une aveugle ignorance. — La liberté tentée à Madrid rend plus nécessaire la liberté réclamée à Paris ; la réforme opérée en Italie rend plus visible l'abus maintenu en France. C'est ainsi que les peuples, en s'aidant l'un l'autre, arrivent à marcher ensemble vers un meilleur et plus grand avenir ! (Applaudissements).

Eh bien ! à ce point de vue, il est instructif de rapprocher la Révolution américaine de la Révolution française, toutes deux glorieuses, toutes deux maintenant parvenues à leur terme, presque contemporaines l'une de l'autre, mais l'une qui a réussi du premier coup, par le sentiment profond de l'inviolabilité des droits individuels, la sagesse pratique du législateur, sachant voir dans le présent le fils du passé et le père de l'avenir, le respect de la justice au milieu même de l'effervescence populaire, et de fermes croyances religieuses alliées à la plus large tolérance pour les sectes diverses sorties du Christianisme ; l'autre qui, après avoir projeté sur la fin du XVIIIe siècle une lumière éclatante et tragique, après avoir ébranlé tous les trônes dans sa résistance gigantesque à l'invasion étrangère et à la coalition monarchique, est allée se perdre momentanément dans le despotisme militaire, comme ces fleuves qui disparaissent de temps en temps sous un sable aride, sauf à reparaître plus loin, chaque fois plus larges et plus irrésistibles ! (Vifs applaudissements).

A prendre les hommes après les événements, il est intéressant d'opposer l'un à l'autre, ici James Otis avec son éloquence toute juridique et Camille Desmoulins, notre Camille Desmoulins, enthousiaste, entraînant, mais léger comme la feuille d'arbre qu'il avait arborée, — là Patrick Henry d'une hardiesse imperturbable et Mirabeau d'une véhémence irrésistible. — Il est curieux de comparer, comme rédacteurs de déclarations constitutionnelles, le pratique Jefferson au théoricien Sieyès ; comme chefs de gouvernement, Washington à Napoléon Ier ; l'un qui a mérité la reconnaissance du Monde en fondant la République américaine sur la base du désintéressement et de la justice, l'autre qui a fait des compagnons de la gloire conquise contre l'étranger les complices de l'attentat commis contre la liberté et n'a jamais songé qu'à satisfaire une ambition personnelle, en fin de compte fatale à lui-même et à la France (Applaudissements prolongés).

Pour peu qu'on remonte à l'origine de tout mouvement populaire, on reconnaît que les Révolutions doivent être imputées, moins aux citoyens qui les accomplissent qu'aux monarques qui les rendent nécessaires. — Comment les choses se passent-elles ? — Voilà un roi ou un empereur, à votre choix, qui s'appuie sur l'armée, sur une hiérarchie bien engrenée de fonctionnaires dévoués à leur traitement (rires), sur les satisfactions matérielles ou sur l'indifférence politique de la foule. Il semble qu'il puisse tout faire et que le peuple soit, d'avance, résigné à tout subir. — Cent fois, le gouvernement a tenté la patience des gouvernés, et il ne paraît point l'avoir lassée. Un jour pourtant, un fait presque insignifiant en lui-même se produit ; mais ce jour-là, un homme se lève, inconnu hier, célèbre demain, que tout le monde attendait à son insu, et qui, porté par une inspiration en quelque sorte prophétique, prononce le mot de la situation. — Le cri est trouvé ; il y a désormais un drapeau. C'est le son du tocsin qui réveille les âmes endormies ! (Applaudissements). — Cet homme, qui n'est pas nécessairement un grand homme, devient en une heure, mais peut-être aussi pour une heure, l'organe et la voix même de la nation. Cet homme, il a eu bien des noms en France, des noms brûlants que je ne prononce pas. En Amérique, il s'est appelé James Otis.

Ici, un premier rapprochement : Savez-vous à l'occasion de quel abus intolérable le grand agitateur américain a entraîné son pays dans une Révolution qui a eu tant de retentissement et une si grande influence sur les deux Mondes? A l'occasion de ce qui existe chez nous, et cela presque à notre insu, — oui! chez nous, Messieurs, au profit de la Compagnie investie du monopole de la fabrication des allumettes. (Rires bruyants). — Je veux parler du droit, pour les agents du fisc, d'entrer même de force et sans mandat spécial, dans les boutiques et jusque dans les maisons particulières, pour y rechercher les marchandises frauduleusement fabriquées ou n'ayant pas payé la taxe. En France, nous avons fait, de cette réapparition des visites domiciliaires, le sujet de beaucoup de plaisanteries et d'un certain nombre d'articles de journaux; puis nous avons pensé à autre chose: aux prochaines courses de chevaux ou au dernier assassinat. Mais, entre la soumission moutonnière et la résistance armée, l'Américain a placé, lui, la résistance légale. A Paris, on fait des barricades; à Boston, un procès. Le premier mot du Français est: battons-nous; le premier mot du *Yankee*: plaidons. En effet, on plaida, et (ce qui vous étonnera peut-être davantage, mais c'était en Amérique!), on gagna devant la magistrature la cause de la liberté! (Rires et applaudissements).

L'avocat de ce grand procès était James Otis,— Otis qui quittait sa haute situation d'attorney général pour venir prendre au barreau un poste de combat, et qui, placé entre le pouvoir dont il tenait sa fonction et la liberté à laquelle il avait voué son âme, n'hésitait pas à sacrifier son bien-être à son patriotisme. — Eh bien ! pour juger de la différence de tempérament des deux peuples, voulez-vous connaître le langage enflammé qui alluma dans les colonies américaines un feu qui ne devait plus s'éteindre que par la disparition des derniers vestiges de la domination anglaise ? Otis commença par combattre, en raisonneur et en jurisconsulte, l'abus du droit de visite : « Quoi ! dit-il, les douaniers pourront « pénétrer dans nos maisons quand « bon leur semblera. On nous or- « donnera de leur en ouvrir les por- « tes. — Ils auront le droit de les for- « cer, de briser barres et serrures. — « Concussion ou vengeance particu- « lière, peu importe ! ni tribunal ni « personne n'aura rien à dire, et il « suffira d'un soupçon pour une telle « visite domiciliaire ! » « Cela n'est « pas possible, ajoutait-il ; car l'un des « droits principaux qui dérivent de la « liberté anglaise, c'est l'inviolabilité « du foyer domestique. La maison du « citoyen est sa forteresse, et il doit y

« être aussi en sécurité qu'un prince « dans son palais. » (Approbation). — Et il résumait sa pensée sur ce premier point en disant : « Un tel pouvoir, « messieurs, met la liberté de chacun « de nous dans la main du plus petit « des commis ! »

Jusque-là, il était resté sur le terrain juridique, et dans les limites d'une discussion d'affaires ; mais bientôt il s'éleva, en grand citoyen, jusqu'à la question constitutionnelle et toucha hardiment au fond même des choses. Il se demanda, et il demanda à l'Amérique, qui l'écoutait, si le Parlement d'Angleterre avait, comme le prétendait la Métropole, le droit de taxer les colonies, c'est-à-dire de les gouverner chez elles, sans elles et malgré elles ; si ce n'était pas, à la fois, extorquer leur argent aux colons et les attaquer dans leur privilége essentiel de citoyens anglais, celui de ne payer aucun impôt qui ne fût au préalable consenti par eux-mêmes ou par leurs représentants, et il termina par ce mot fameux : « Impôt sans représentation, c'est tyrannie ! »

Ce jour là, l'Angleterre perdit véritablement la domination des colonies ; car, en Amérique, ceux mêmes qui eussent peut-être hésité, — par prudence, — à donner le signal de ce conflit, comprirent, avec le ferme bon

sens du pays, qu'une fois engagé, il devait aboutir promptement, — où à l'équitable représentation des colonies dans le Parlement anglais, où à la séparation complète d'avec la Métropole. — Washington, sagement temporisateur comme général, fut de suite résolu, comme citoyen, à pousser jusqu'au bout la résistance. « Que re-
« poussons-nous ? écrivait-il ; est-ce
« l'imposition de trois *pences* par livre
« de thé, comme excessive ? Non ;
« c'est le droit seul que nous avons
« toujours contesté, et à l'occasion
« duquel nous adressons nos récla-
« mations à Sa Majesté avec le respect
« et le dévouement de sujets fidèles.
« Pour ma part, ajoutait-il, je pense
« qu'un parlement où nous n'avons
« pas de mandataires, n'a pas plus le
« droit de mettre ses mains dans notre
« poche, sans notre aveu, que je n'ai
« moi, le droit de mettre les miennes
« dans la poche de mon voisin.» (Rires approbatifs).

Franklin, l'habile chargé d'affaires des colonies américaines, n'était pas moins affirmatif dans ses réponses aux interpellations qui lui étaient adressées par les membres du Parlement. — « Si l'on réduit le droit, lui disait-on, les Américains paieront-ils ? Non, jamais, à moins d'y être contraints par la force des armes. — Que feraient-ils si l'on établissait une autre taxe imposée en vertu des mêmes principes? — Ce serait exactement la même chose ; les Américains ne paieraient pas !» — Ce langage était net, c'est dire qu'il n'était pas diplomatique, — la diplomatie étant, comme chacun sait, l'art — non pas de mentir (ce serait grossier et maladroit), mais de faire entendre autre chose que ce qu'on dit. (Rires).

Eh bien ! cette franchise sûre d'elle-même répondait fidèlement au caractère américain et à ce *flair* civique que l'anglais Burke reconnaissait aux *Yankee*. En d'autres pays, plus simples ou moins vifs, écrivait-il, le peuple ne juge des mauvais principes du gouvernement que par ses souffrances actuelles. Là-bas, le citoyen prévient le mal et juge de la souffrance future par le vice permanent des principes. Il flaire de loin les mauvais gouvernements et sent l'approche de la tyrannie au premier souffle qui n'est pas tout-à-fait pur. » (Applaudissements).

Résister à une exigence injuste, se soustraire à tout prix au paiement d'un impôt arbitrairement établi, ce ne fut pas seulement la pensée de quelques hommes éminents comme James Otis, Washington et Franklin, ce fut la volonté de tout un peuple, de tous les petits-fils de ce Hampden qui, — autrefois en Angleterre, — avait mieux aimé aller en prison que de payer au roi Charles Ier quelques *schellings* d'un impôt irrégulièrement perçu. Le monde assista là à un grand spectacle : celui d'une population de trois millions d'habitants se privant, à un jour donné, d'un commun accord, et sur tous les points à la fois, de toutes les commodités de la vie et de ce superflu, chose si nécessaire ! Les hommes avalaient avec une patriotique résignation un détestable thé fait avec des feuilles de framboise, et ne servaient plus de mouton sur leur table pour avoir davantage de laine et porter des habits filés et tissés à la maison. Les femmes, dignes émules des courageuses filles de cette Alsace qui reste nôtre par le cœur (Sensation, — applaudissements), laissaient se faner à l'étalage de boutiques anglaises les robes de soie et les rubans, ne voulant être parées que de leurs grâces naturelles et de l'amour de la liberté. Cet esprit invincible de résistance légère, Franklin le résumait en quelques mots qui peignent et honorent un peuple : — « Quel était naguères, « lui demandait-on, l'orgueil des Amé- « ricains ? — C'était de tirer d'Angle- « terre leurs modes et leurs marchan- « dises. — Et quel est maintenant leur

« orgueil ? — De porter leurs vieux « habits jusqu'à ce qu'ils soient en état « de s'en faire de neufs ! » — Vifs applaudissements).

La Grande-Bretagne eut là des yeux pour ne point voir. — Il semble, parfois, que les Orientaux aient raison et que certaines choses soient écrites d'avance dans le grand livre du Destin. Aux époques décisives, la légende devient une sorte de réalité, et la sybille des Tarquins réapparaît. Trois fois elle se présente avec les tables fatidiques qui contiennent l'avenir. La première fois, c'est la plainte d'un simple particulier, un cri encore isolé : Prince, écoutez volontairement la raison. — La seconde fois, c'est la voix, confuse encore, mais deja menaçante, d'un peuple qui souffre, et a conscience que sa souffrance est injuste : — Prince, hâtez-vous de faire des réformes. — La troisième fois, elle surgit tout armée, et devant elle se manifeste l'impuissance de la force ; l'édifice s'effondre comme foudroyé : — Prince, il es ttrop tard, c'est une Révolution ! — (Vive émotion).

A distance, on reste frappé de tant d'aveuglement ; on se dit : « Mais ces gens-là étaient donc fous ; mais un gouvernement se grandit et s'honore, en reconnaissant quelque chose au-dessus de lui : l'intérêt commun et la justice. — S'il met le droit sous ses pieds, il n'est plus que la force brutale. — S'il se rend à la raison, il a pour lui la conscience humaine, plus invincible que les baïonnettes. » — Voilà ce que nous nous disons, et nous nous croyons plus sages ! c'est tout simplement que nous n'avons plus les mêmes passions.

Revoyons les choses — dans le temps et dans le milieu où elles se sont passées. Le Pouvoir a pris — assez généralement à la légère, — une mesure conseillée par les légistes (car on trouve toujours des légistes pour approuver les Coups d'Etat, se faire dès lors une arme contre la liberté et mener leur pays aux abîmes avec une imperturbable sérénité) (Rires) ; une fois engagé par ignorance, on persiste par entêtement. Si le peuple se tait, à quoi bon revenir sur sa décision ? S'il résiste, céder serait une lâcheté ! — Et le Prince subordonne un devoir de gouvernement à un faux point d'honneur individuel ; il sacrifie le bien du pays à son amour-propre, et perd une couronne pour avoir voulu maintenir un impôt injuste, et le plus souvent improductif.

C'est la méthode que Franklin, — avec une amère et prophétique ironie, — intitulait : « *Le moyen de faire d'un grand Empire un petit Etat.* » — « Si

« l'on vous parle de mécontentement,
« écrivait-il, gardez-vous d'admettre
« que ce mécontentement soit gé-
« néral, et surtout que vous puis-
« siez en être cause. — Aussi n'y ap-
« portez pas de remède. — Ne faites
« pas justice sur un point, ce serait
« engager le public à demander la ré-
« paration d'une autre injustice. —
« N'écoutez jamais que vos fonction-
« naires, et agissez toujours comme
« si ce qu'ils vous disent était la
« vérité même. — Supposez que les
« plaintes populaires sont l'invention
« et l'œuvre d'une poignée de déma-
« gogues, et que, si vous pouviez pour-
« suivre et emprisonner ces factieux,
« tout serait tranquille. » — Et il ajoutait : « C'est ainsi que vous serez bien-
« tôt délivrés de l'ennui de gouverner
« et que la fatigue que vous cause le
« pouvoir vous sera épargnée dès-lors,
« et à tout jamais. » (Rires bruyants mêlés d'applaudissements).

Cependant la lutte continuait, l'Angleterre multipliant les rigueurs, le peuple des colonies s'échauffant peu à peu. — A Boston, quelques hommes déterminés se transportèrent sur les navires de la Compagnie des Indes à peine arrivés dans le port, et, sans prononcer un mot, sans commettre un outrage envers les personnes, jetèrent à l'eau le thé sur lequel l'Angleterre

voulait percevoir un droit de douane. — Cette obéissance exacte à un mot d'ordre donné d'avance se rencontre, même chez les foules les plus impressionnables ; — on en a vu un exemple effrayant lors du retour de Louis XVI après la fuite de Varennes, — un exemple patriotique lors de l'entrée des troupes allemandes dans Paris, en 1871. — Mais ce qui étonne davantage, — (surtout avec nos mœurs françaises), — c'est l'attitude des meneurs du mouvement de Boston. — Semblent-ils saisis d'une fièvre subite ? — Poussent-ils à l'action irréfléchie ? — Brandissent-ils une arme, comme nos émeutiers ? — Agitent-ils un drapeau ? — Arborent-ils une cocarde ? — Non, ils sont graves, presque tristes. — Ils s'adressent au bon sens plus qu'aux passions, et, avec sincérité, présentent au peuple les conséquences éloignées et redoutables de l'acte décisif que, pourtant, ils conseillent avec résolution : — « Nous ne finirons cette que-
« relle, disent-ils, qu'après la lutte la
« plus vive et la plus rude ; — ce ne
« sont ni des harangues populaires,
« ni des résolutions populaires, ni
« des acclamations, ni du bruit qui
« décideront de cette affaire. Voyez la
« fin et le but : — Pesez toutes choses ;
« — Considérez sérieusement le pour
« et le contre avant de prendre les me-

« sures qui attireront sur ce pays le « plus terrible conflit qu'il ait jamais « vu. » — Certes, il n'y a rien là d'entraînant, rien de dramatique, rien d'un Masaniello d'opéra ; mais c'est ainsi qu'une Révolution aboutit à des résultats durables, et l'heureux dénouement de la pièce fait passer sur ce qu'il y a eu de terne dans les scènes épisodiques. — (Approbation).

Comparez maintenant le procédé français. Transportez-vous par la pensée, le 12 juillet 1789, au Palais-Royal ; — on est en pleine effervescence révolutionnaire, mais la première prise d'armes n'a pas encore eu lieu. Dans le jardin se promène avec agitation un jeune homme, encore sans réputation, sans autorité, sans argent, à la recherche d'un éditeur pour son premier pamphlet. Dans une heure, son nom appartiendra à l'histoire, et restera attaché au souvenir de l'une des plus grandes scènes de la Révolution française. Laissons-le parler lui-même : — « Les esprits étaient consternés, « écrit-il, j'avais beau chercher à é« chauffer la foule, personne ne m'é« coutait. Tout à-coup, trois jeunes « gens passent, se tenant par la main, « et criant : *Aux armes !* Je me joins à « eux ; nous formons groupe. — On « me remarque, — on m'entoure, — « on me presse de monter sur une

« table ; — Dans la minute, j'ai mille
« personnes autour de moi. — J'étouf-
« fais d'une multitude d'idées qui
« m'assiégeaient à la fois. — Je par-
« lais sans ordre : — L'infâme police
« est ici, m'écriais-je. Eh bien ! qu'elle
« me regarde. — Oui ! c'est moi, Ci-
« toyens qui vous appelle aux armes !
« Et brandissant un pistolet : — Il ne
« peut plus m'arriver qu'un malheur,
« celui de voir la France redevenir es-
« clave ! » — Et voilà Camille Desmoulins l'idole du peuple ! On le descend, on l'embrasse, on l'acclame, on arbore après lui la cocarde verte, symbole d'espérance, — et, ainsi, se trouve formée l'armée révolutionnaire qui, le surlendemain, prendra la Bastille ! — (Applaudissements).

Aujourd'hui, — après trois Révolutions, — nous saisissons, avec le scepticisme désanchanté de l'expérience, où était, dès lors, le grossissement théâtral et ce qui est réminiscence littéraire dans une telle mise en scène. — L'*Infâme police, le pistolet, la cocarde,* nous avons tout vu, tout raillé ; mais, au début, rien de cela n'était usé ; le langage, comme la passion, était sincère ; Camille Desmoulins se laissait emporter par son rôle, et, nourri des souvenirs de l'antiquité, il rééditait sans s'en rendre compte cet appel aux armes de Tibérius Gracchus qui, — comme les déclarations d'amour, — a le don d'être toujours nouveau (Rires), pour peu que les passions soient éveillées, que l'homme soit jeune, la voix chaude et le geste pathétique.

C'est ainsi qu'on entraîne les foules à une émeute, parfois triomphante. Mais ce n'est pas ce délire bruyant qui sert à résoudre le problème des grandes Républiques, et qui amène, sans effusion de sang, le triomphe de la raison. — Rêver la résurrection d'Athènes peut être très classique ; mais l'Athènes de Socrate dort aujourd'hui dans la poussière de ses ruines ; l'Amérique au contraire pousse de tous côtés des racines pleines de vie, et c'est de la vie surtout, que, — nous aussi, — nous voulons pour notre République ! Longs applaudissements). — Son modèle doit donc être pris, désormais, — à travers l'espace plus qu'à travers le temps, — de l'autre côté de l'Océan, plutôt que de l'autre côté de l'Ère Chrétienne !

Les colons d'Amérique n'ayant pas eu, — dans leurs forêts vierges, — le loisir d'apprendre le latin, — comme les beaux esprits de notre Révolution, — n'étaient pas tentés d'invectiver les Antoines modernes dans le langage de Cicéron, et ne songeaient guères à imiter une antiquité qu'ils connaissaient assez mal. Patrick-Henry, le plus grand tribun de l'Amérique, s'était fait avocat après six semaines d'études. Il avait lu le code, et cela lui avait suffi, car, aux Etats-Unis, le juge ne prête pas d'esprit à la loi, ce qui simplifie beaucoup les procès et est une garantie pour la liberté. (Rires). — Mais si Patrick-Henry avait une instruction bornée et quelque peu l'apparence du paysan du Danube, il avait vu les choses de près ; il avait étudié les hommes avec la profondeur patiente des paresseux clairvoyants ; il était doué de cette éloquence simple et franche qui remue les assemblées plus sûrement que l'art le plus raffiné. — Il exerça sur son pays une influence décisive parce que, — comme James Otis, — il sut dire tout haut ce que chacun pensait tout bas, à savoir qu'il était temps de faire succéder une hardiesse indomptable à une longue patience toujours rebutée.

Le discours par lequel Patrick-Henry entraîna le Congrès à la résistance armée est d'une mâle éloquence ; mais, chez lui, dans le moment même où la passion l'emporte, elle raisonne, et, sous la véhémence, on sent l'argumentation : « Nous avons fait, s'écria-t-il, « tout ce qui était possible pour dé- » tourner l'orage. Nous avons rédigé « des pétitions, envoyé des remon-

« trances, adressé des prières. Nos pé-
« titions ont été repoussées ; nos re-
« montrances ont amené un redouble-
« blement de rigueurs ; nos prières
« ont été dédaignées. Et maintenant, on
« peut crier : *la Paix ! la Paix* ! Il n'y
« a plus de paix ; la guerre est com-
« mencée, commencée de fait, com-
« mencée malgré nous, et la premiè-
« re brise qui soufflera du Nord ap-
« portera à nos oreilles le bruit des
« armes et des combats ! » (Applaudissements).

Tandis qu'en France les hommes furent, en général, supérieurs aux assemblées, le congrès, en Amérique, fut plus grand que l'orateur. Le 4 juillet 1776, la déclaration d'indépendance, rédigée par le Virginien Jefferson, substitua, — pour la première fois dans le monde, — la revendication fière de libertés générales à la concession gracieuse de privilèges partiels. — Pour la première fois, on fondait les droits d'une nation sur les droits mêmes du Genre Humain ; — pour la première fois, il était déclaré que les gouvernements ne tirent une autorité légitime que du libre consentement des gouvernés, et que les peuples conservent le droit extrême de modifier ou même d'abolir l'état de choses qui ne peut, ni assurer leur bonheur, ni garantir leur sécurité. (Applaudissements). — Ce fut là un fait considérable, origine de notre future *Déclaration des droits de l'homme* ; mais, si le Congrès américain posait les principes avec largeur, il en tirait les conséquences avec réserve. Il n'introduisait aucune nouveauté inutile ; il se bornait à repousser les innovations que la couronne d'Angleterre avait voulu établir aux dépens des colonies. — Enfin, il méritait ce magnifique éloge de Lord Chatam, en plein Parlement anglais : « Le Congrès a agi avec tant de calme, de sagesse et de modération, qu'on chercherait en vain une plus respectable assemblée d'hommes d'Etat depuis les plus beaux jours des Grecs et des Romains ! » (Murmure d'approbation).

Voilà l'Amérique avec ses qualités plus solides que brillantes. Pour ceux, au contraire, qui sont attirés par l'éclat de quelques grands hommes dont le nom reste synonyme d'éloquence, de passion et d'audace révolutionnaire, le génie français garde sa supériorité. — Ainsi, la figure, pourtant si accusée, de Patrick-Henry, disparaît pour ainsi dire devant le resplendissement de Mirabeau, laideur imposante, l'ironie sur les lèvres, l'éclair dans les yeux, le geste irrésistible, le Dieu même de l'Eloquence. (Applaudissements).

La question était alors en France de

savoir si le clergé et la noblesse revendiquant, comme *ordres* séparés, deux voix sur trois dans les Etats généraux, allaient paralyser la représentation du Tiers-Etat et étouffer encore une fois les justes plaintes des classes moyennes et populaires. La Cour venait de répliquer au Serment solennel du *Jeu de Paume*, serment de ne point se séparer avant d'avoir achevé en commun la Constitution, par l'ordre formel donné aux députés de se retirer pour aller délibérer dans une chambre séparée. C'était leur enlever toute espérance d'obtenir la majorité, malgré leur nombre ; c'était les réduire à l'impuissance de remplir leur mandat. Tout le monde sentait cela dans l'assemblée, et, cependant, personne ne bougeait. — Le silence, l'immobilité, la force d'inertie, voilà seulement ce qu'on peut attendre des majorités les plus courageuses. — On attendait — sans savoir quoi ; mais vaguement, en sentait venir quelque chose de nouveau ! — (Sensation). — Cependant le marquis de Brezé, grand maître des cérémonies, voyant que les députés ne se retiraient pas, s'avança et leur dit : « Messieurs, vous avez entendu les ordres du Roi ? A ce mot, Mirabeau se lève tout droit, — et bien en vue dans l'assemblée qu'il domine — un frisson électrique parcourt l'auditoire ; — tous anxieux, le regardent ; — il n'y a plus ni étiquette, ni règlement. — C'est la Révolution qui vient de s'incarner dans un homme. (Applaudissements). Alors, s'avançant d'un pas et, congédiant d'un geste superbe et sans réplique, le malencontreux maître des cérémonies : — « Oui ! monsieur, « s'écrie-t-il, nous avons entendu les « intentions qu'on a suggérées au Roi ; « mais vous, qui n'avez ici, ni place, « ni voix, ni droit de parler, vous n'ê- « tes pas fait pour nous rappeler son « discours. Cependant, — pour éviter « toute équivoque et tout délai, — je « vous déclare que, — si on vous a « chargé de nous faire sortir, — vous « devez demander des ordres pour « employer la force. Allez dire à votre « maître que nous sommes ici par la « puissance du peuple, et que nous « n'en sortirons que par la puis- « sance des baïonnettes. » (Applaudissements). La souveraineté venait de changer de tête et le marquis de Brezé se trouvait, à l'improviste, devant un nouveau maître. Il avait l'habitude d'obéir ; il sortit à reculons, comme on on faisait devant le Roi : — (Rires). C'est cette scène décisive de la Révolution française que le peintre, chargé de décorer la nouvelle Chambre des députés, a placée au-dessus du bureau du Président pour nous rappeler sans doute que, — grâce à nous, — la Démocratie doit, désormais, rester maîtresse de ses destinées. — Nous ne l'oublierons pas, soyez en sûrs! — (Longue interruption de bravos).

Droit de ne payer aucun impôt sans l'avoir au préalable consenti par soi-même ou par ses représentants, — reconnaissance du principe de la souveraineté du peuple arrachée à la rapacité des monopoles et à l'orgueil des priviléges : Tel est le côté commun, telles sont les conquêtes identiques des deux Révolutions. — Mais, pour fonder la République, nous n'avions pas encore assez, nous autres français, — la constance, l'esprit pratique, et l'expérience de la liberté. — Aimer la liberté, c'est bien ; mais cela ne suffit pas : — il faut savoir la mériter. Monter au Capitole, c'est beau ; mais, — ce Capitole, — on ne le gravit en général que par le Calvaire (sensation).

Peuple sublime sans être sérieux, enthousiaste mais essentiellement mobile, — nous avons renversé du trône le débonnaire Louis XVI pour élever, quelques années plus tard, un Bonaparte sur le pavois; nous avons laissé substituer les fossés de Vincennes aux cachots de la Bastille, et nous n'avons pas reconnu les *lettres de cachet* dans l'ordre d'exil que recevait Madame de Staël, (Approbation). — Mais voilà ! —

On avait introduit la République en France, comme on y plantait alors les arbres de la liberté. — C'était magnifique le premier jour. Parbleu, je crois bien ! — On les mettait en terre tout venus (rires) ; mais il n'y avait pas de racines, et cela ne tenait pas. (Vifs applaudissements). — Bref, nous avons vérifié la triste prédiction de Washington écrivant : « Je désire beaucoup me « tromper, mais, si j'ai bien compris « la nation française, il y aura des flots « de sang répandus et un despotisme « plus rude que celui qu'elle se flatte « d'avoir anéanti. » (Mouvement).

Au contraire, c'est dans la crise d'organisation républicaine, — qui suivit la crise d'indépendance nationale, — que l'Amérique s'est surtout montrée digne de son bonheur.

Au Congrès — nulle trace d'ambition : — il n'y avait que des dangers à courir ; — nulle passion mauvaise — le patriotisme les avait momentanément étouffées : — Point de cette vanité boudeuse qui s'enferme dans le rôle aisé d'une critique décourageante des idées d'autrui ; — rien de cette soif ardente de renommée personnelle qui rend les partis irréconciliables. — Le mouvement était si général qu'il en devenait pour ainsi dire anonyme. — Tout se faisait par des assemblées, dont les délibérations étaient secrètes, et où, même, les discours n'ont pas été conservés. —

En Amérique, — lors de la Révolution, — la liberté avait derrière elle un siècle d'existence. — La Constitution républicaine a sagement utilisé ce qui pouvait subsister des institutions libres de la Monarchie. — Là s'est révélé, dans sagrandeur, d'ordinaire inaperçue, ce génie essentiellement pratique qui voit la science politique elle-même, et non une méthode inférieure, dans l'attention expérimentale à tenir compte de l'espace et du temps, des hommes et des choses. A examiner de près les institutions des Etats-Unis, on dirait un vieux et solide édifice réparé pour la commodité de celui qui l'habite, et non pour flatter l'œil du passant, construction où l'art trouve peut-être quelque chose à reprendre, mais qui a abrité cinq générations et résisté à toutes les tempêtes! C'est là qu'on est vraiment chez soi, et bien à son aise, — et non dans une maison neuve sans passé, sans souvenirs, sans âme, si l'on peut dire; car on laisse toujours quelque chose de son âme aux murs qu'on a habités dans la joie ou dans la douleur! (Emotion et applaudissements.)

Et pourtant, Messieurs, la Constitution de 1789 aux Etats-Unis, — comme celle du 25 février chez nous, — était loin de satisfaire tout le monde. — Seulement, si personne ne pouvait en dire : « C'est moi qui l'ai faite, » — tout le monde, comme aujourd'hui, pouvait dire : « J'ai fait adopter telle clause, en cédant sur telle autre. » — Et cette œuvre commune, chacun la défendait, — non pas sans doute comme irréprochable, — mais comme la meilleure possible, — vu les circonstances. Les grands et patriotiques esprits qui s'appelaient Washington, Franklin, Jefferson, et qui, eux aussi, étaient des *opportunistes*, comme on dit maintenant, sacrifiaient l'opinion individuelle qu'ils pouvaient avoir sur les défauts du pacte constitutionnel au sentiment supérieur et impérieux de sa nécessité. — C'est cet exemple d'abnégation intellectuelle que nous nous sommes mis à suivre depuis 1871, — et qui commence à nous donner, — comme aux Américains eux-mêmes, — le calme et la prospérité. — Sacrifier sa fortune à son pays, — il y en avait chez nous des exemples; pas beaucoup (rires) ; mais enfin il y en avait. — Lui donner son sang, c'est ce dont tout le monde est capable en France (approbation) ; — mais, pour l'amour de lui, renoncer à des opinions arrêtées, rompre d'anciens engagements, adorer ce qu'on a brûlé, pardonner à la République le mal qu'on lui a fait, c'est là la suprême victoire sur soi-même, l'effort auquel la vanité nationale n'avait pu jusqu'ici se résigner. (Vifs applaudissements.)

Voilà bien la distinction : — En Amérique, l'indépendance fut plus difficile à conquérir que la République à organiser ; — en France, la Révolution fut victorieuse longtemps avant de pouvoir donner à la Démocratie sa forme naturelle et définitive.

Les hommes de 92 arrivèrent au bout des idées à appliquer avant d'arriver au bout des passions à satisfaire. — Ils avaient le moteur ; ils n'avaient pas le frein. Ils avaient l'âme des institutions républicaines ; ils n'en avaient pas la formule constitutionnelle. Ils prenaient la philosophie pour la politique, et, aigris par d'incessants mécomptes, ils chargeaient le bourreau de leur faire raison des difficultés. — Ils exagéraient le mouvement révolutionnaire, — croyant par là acquérir l'autorité de l'enrayer. Ils n'osaient se dessaisir de la guillotine de peur qu'on ne la retournât contre eux, et ils cherchaient à prolonger l'apparence du combat pour cacher quelques jours de plus leur impuissance à gouverner dans des conditions normales et libres (Mouvement).

Enfin, lassés de tant d'efforts inutiles, — comme l'enfant en face du jouet dont il a brisé le ressort et que sa colère ne peut réparer, — ils se tournèrent vers Sieyès qui passait pour profond, parce qu'il était grave, silencieux, sarcastique et grognon (rires), à la manière de ces vieux médecins dont la devise est : « Parler peu et ne rire jamais » (nouveaux rires); Sieyès avait un défaut, — dès le premier jour signalé par Mirabeau, — celui « de ne pas marcher en affaires avec les hommes. » — C'était là la faute de son esprit; mais ce qui fut la faute de son cœur, c'est qu'il se tût quand il fallait parler. Il entra à la Convention, votant tout, ne disant rien, et, quand on lui demanda ce qu'il avait fait, il répondit · « J'ai vécu. » Eh bien ! ce n'est pas assez ; quand on accepte un mandat comme le nôtre, ce n'est pas pour soigner sa santé, mais pour élargir la liberté dans les jours de calme, pour la défendre dans les jours de péril, nous souvenant que l'échafaud luimême n'a rien de redoutable quand on y meurt pour le droit et l'humanité, en pleine lumière, avec le pays et l'avenir pour juges ! Longs applaudissements).

Pourtant, après la chûte de Robespierre, qui lui aussi savait sentir le prix du silence, ce personnage sybillin se décida à parler, et il sortit de sa tête une Constitution toute neuve, pleine de contrepoids et de rouages compliqués, où il avait mis une ombre de liberté, une ombre d'élection, et où il se préparait à mettre une ombre de pouvoir quand le premier Consul intervint brutalement pour placer là, — de sa main irrésistible, — la réalité de la force et la vie de sa personnalité absorbante. (Rires et applaudissements.)

Vous le voyez : la prudence qui, avant de recourir à une Révolution, emploie toutes les voies amiables, tous les moyens légaux de résistance, et veut se convaincre elle-même, en quelque sorte, de l'évidente nécessité de la lutte par l'évidente impossibilité de la réconciliation ; — le bon sens de gens qui, après avoir choisi leurs mandataires avec discernement, ne leur marchandent pas la confiance ; — l'opiniâtreté invincible qui, une fois engagée dans une voie, ne connaît ni la lassitude, ni les retours en arrière ; — enfin l'esprit de transaction qui rebâtit la maison abattue, en utilisant autant que possible les vieux matériaux : Telle est la réunion de qualités qui a fait réussir la Révolution américaine.

J'achèverai rapidement ce parallèle où je flatte d'autant moins mon pays que je l'aime davantage, et que je désire pour notre nouvelle République,

— dont le passé est heureusement sans tâche, — un avenir sans péril. — (Approbation).

Que manque-t-il encore à l'éloge du peuple américain ? (car je ne veux vous présenter aujourd'hui que ses vertus, afin de mieux vous piquer d'émulation (rires) : — C'est d'abord qu'il a su rendre justice à des adversaires vaincus, et cela dans un de ces moments où les foules, — s'abritant derrière leur anonymat pour ne pas rougir de leur férocité, montrent parfois à nu les côtés les plus effrayants de la nature humaine ; — c'est enfin que, là-bas, les hommes populaires, — comme les hommes officiels, — ont eu, dans les heures critiques, la hauteur d'âme et la noble modestie de faire appel aux lumières supérieures de celui qui ne trompe jamais et qui finit toujours par prendre en mains la cause du droit, du progrès et de la raison ! (Mouvement).

Voyons d'abord l'exemple de justice :

Il y avait eu à Boston (car Boston a un peu joué, dans la Révolution américaine, le rôle de Paris dans la Révolution française), il y avait eu à Boston une collision sanglante entre le peuple et la garnison de la ville. — Ces « *coquins de homards*, » (comme on appelait les soldats anglais par allusion à la couleur rouge de leur uniforme) (rires), avaient tiré sans ordres ; mais l'officier lui-même qui, — au contraire, avait montré beaucoup de tact et de patience, — fut traduit devant le jury. (Il est en effet de tradition, — de l'autre côté de la Manche et de l'Océan, — de ne pas tolérer de tribunaux d'exception pour l'armée). Déféré à un jury composé d'Américains, dans une ville en pleine effervescence révolutionnaire, et au lendemain de la mort des victimes, le capitaine Preston était sous le coup d'une condamnation capitale.

Mais là, se montra — comme correctif, — l'excellent esprit d'un peuple façonné depuis longtemps aux institutions libres : Et d'abord on parvint à trouver un défenseur dans les rangs même des *insurgents*. John Adams, — le plus habile des avocats de Boston, — jeune, ardent, désireux de se faire une place dans l'opinion et dans le gouvernement, — n'hésita pas à risquer son avenir, à compromettre sa popularité en acceptant cette défense. — Il répondit qu'aucun accusé ne devait rester sans conseil, — l'indépendance du barreau étant la sauvegarde des partis, — et il empocha gaiement la *guinée* offerte en guise d'arrhes, suivant le vieil usage.

On admire beaucoup chez nous, — et on a raison, — car rien n'est plus noble et plus rare que le courage civil, — on admire M. de Sèze venant défendre devant la Convention le roi Louis XVI, au risque de suivre plus tard son client sur l'échafaud, comme l'héroïque Malesherbes. Eh bien ! si ce qu'on demandait à John Adams était moins dangereux, — c'était peut-être plus méritoire. — Le patriote américain devait prendre là, contre ses propres amis, la défense d'un adversaire politique. — Il pouvait craindre de détourner à jamais de lui la faveur populaire. Or, le sacrifice même de la vie coûte moins à certains cœurs haut placés que le sacrifice d'une légitime ambition. — L'héroïsme a pu parfois être la vertu d'un esclave. — Le dévouement sans amour et sans gloire ne se rencontre que chez les peuples libres. (Applaudissements).

Si le barreau donna là un grand exemple, le jury américain fut digne de l'avocat. — Il entendit les témoins avec un calme qui finit par imposer à la foule, et, bientôt convaincu de l'innocence de l'accusé, il rendit courageusement un verdict de *non coupable* Ce n'est pas tout. Le magistrat américain lui-même, qui présidait la Cour compléta la leçon en disant au public : « Je suis heureux de pouvoir « déclarer qu'après un examen des « plus sévères, la conduite du prison-« nier se montre sous le jour le plus

« favorable ; mais je suis profondé-
« ment affligé de voir que cette affaire
« tourne à la confusion de ceux qui
« s'y sont mêlés et à la honte de la
« ville en général. » — Jusqu'au bout, — au plus fort de leur Révolution, — en dépit de la défaite de leurs armées, — malgré leurs ressentiments patriotiques, — les Américains, — formés de longue main au fonctionnement du jury, — s'honorèrent ainsi en sachant s'arrêter devant les formes protectrices que la loi institue, — et en montrant que la liberté est vraiment le respect du droit, c'est-à-dire un autre nom pour la justice ! (Approbation.)

Au contraire, les jugements ont été le côté le plus sombre de notre première Révolution, et la cause peut-être la plus directe de son insuccès. — « Qu'est-ce que la guillotine ? pouvait dire Camille Desmoulins : un coup de sabre appliqué par la main du bourreau. » Ce coup de sabre, le patriote du Palais-Royal, l'orateur populaire du 12 juillet finit par le recevoir à son tour, et son procès fut comme le meurtre par le terrorisme de 93 du libéralisme de 89. (Mouvement). Il comparaissait aux côtés de Danton, ce Mirabeau de Clubs qui avait contribué à la Révolution comme le vent sert la tempête, en soulevant l'écume et en chassant au hasard devant lui les flots déchaînés. — Par les fenêtres ouvertes du Palais de Justice, Danton lançait à travers la Seine, de tels rugissements que la foule s'amassait, de l'autre côté du quai, déjà toute prête pour l'insurrection. Le président était impuissant à contenir une telle explosion, et, — comme il invitait l'accusé à se modérer, — Danton lui répondit d'une voix tonnante : « Président d'assassins, le cri de détresse d'un homme qui défend sa vie doit vaincre le bruit de ta sonnette ! » (Applaudissements). Enfin, la parole lui fut interdite ; — alors, il se baissa, et, ramassant à terre les feuillets déchirés du plaidoyer préparé par Camille Desmoulins, il en fit des boulettes de papier qu'il lançait une à une à la tête de l'accusateur public, moins par un jeu cynique et puéril, indigne de l'homme et du moment, que par le geste tragique d'un accusé, déjà sûr de sa condamnation, aux mains duquel on brise sa dernière arme, et qui jette les débris d'une défense inutile au visage de ses juges, comme une première vengeance et une dernière malédiction. Voilà bien les hommes de la Révolution ; ils mouraient en scène devant le peuple, et, comme un grand acteur à sa représentation de retraite, ils voulaient être applaudis jusque sur l'échafaud. (Sensation, applaudissements).

Mais, pendant ce temps, que devenait la liberté ? Existe-t-elle où la justice est un piège et le juge un bourreau ? — Il n'est pas difficile de prédire la fin de tout cela. Le peuple se dégoûte des grandes idées au nom desquelles il voit se commettre tant d'atrocités. Il lui faut le repos ; pour l'avoir, il cherche un maître, et, ce maître, soyez en sûrs, il le trouve toujours. (Vifs applaudissements). Voilà comment nous avons subi l'Empire, quand les Américains gardaient paisiblement la République !

Le dernier mérite que j'aie à signaler chez le peuple américain, c'est d'avoir apporté dans sa Révolution un sentiment chrétien très sincère, très avoué, très profond, combiné avec une entière tolérance pour la diversité des opinions religieuses.

Le premier jour de la Réunion du Congrès — en 1774 — Samuel Adams, — un puritain, — demanda qu'une prière publique fût dite à l'ouverture de la séance. — « Je ne suis pas un « bigot, ajouta-t-il, mais quels que « soient l'église et le pasteur, j'en- « tends avec plaisir une prière faite « par un homme de piété et de vertu, « qui est en même temps l'ami de son « Pays. » — C'était la liberté religieuse qui s'installait au Congrès ; elle y est restée, — et aujourd'hui encore les Assemblées des Etats-Unis s'ouvrent par des prières que récitent tour à tour des ministres de toutes les Eglises, esprit de transaction qui se retrouve dans le pays où, souvent, un même édifice sert, à des heures différentes, à la célébration de cultes tout à fait opposés. (Approbation).

Le peuple américain, Messieurs, nous montre par un exemple péremptoire, et contrairement à ce qu'affirment si audacieusement nos *cléricaux*, qu'on peut être Libéral, Démocrate et même Républicain, sans être pour cela un ennemi de la religion. (Appplaudissements). — Bien au contraire, le citoyen des Etats-Unis voit dans sa foi religieuse la condition même de sa liberté et de la Démocratie. — Oui ! la foi est une condition de liberté ; car il n'y a pas de religion sans morale, pas de morale sans responsabilité, et pas de responsabilité sans liberté. — Que serait la vertu sans la conscience ? Un vain mot. Que serait la conscience sans Dieu ? Un tribunal sans juge. Ce juge existant, pour que l'homme puisse équitablement être récompensé ou puni dans l'autre vie, il faut que, dans celle-ci, il ait eu la liberté du mal comme du bien. Donc, les clergés qui voudraient ne laisser subsister que la liberté du bien, — c'est-à-dire supprimer la liberté même, — vont au rebours de l'esprit vrai du christianisme et de la donnée nécessaire de toute religion. (Applaudissements). — Oui encore ! il n'y a rien d'inconciliable entre la Démocratie moderne, qu'aucune réaction ne pourra ni détruire, ni même faire réellement reculer, et l'Enseignement évangélique du fils de Dieu fait homme, né dans une étable, nourri dans l'atelier du pauvre, endurci au travail des mains et persécuté par l'inquiète jalousie des Princes ; — du Christ qui a bouleversé l'ancien monde en prêchant une égalité fraternelle entre les hommes, qui a vu ses réunions publiques interdites par l'Etat de Siége d'alors (Rires et applaudissements bruyants), a été traduit en justice pour ses discours révolutionnaires, subversifs, contraires à *l'ordre moral* du temps, et a été frappé d'une condamnation politique par Pilate, magistrat désireux d'avancement, dont il reste quelques héritiers. (Longue interruption de bravos). Voilà ce que pensent les Américains, comment ils ne sont ni matérialistes, ni cléricaux et ont évité ce double écueil : les lois athées et les Religions d'Etat. (Applaudissements).

A l'hommage solennel rendu par le Congrès Américain au Dieu tout puissant, — dont le secours a fait tourner en effet à la Liberté et au bonheur du peuple des Etats-Unis le Gouvernement de la République, — quelles scènes avons-nous à opposer dans la Révolution française ? — Qu'est-ce d'abord que cette saturnale bruyante ? C'est le cortége d'une Déesse de carrefours, prostituée à la gorge nue et à la ceinture dénouée, personnifiant les sens plus que la raison, et offrant à l'homme divinisé le culte de la volupté. — Puis voici venir Robespierre, en habit bleu et gilet blanc, portant à la main un gros bouquet de fleurs et d'épis, prémices de l'année. Il marche devant la Convention pour aller vouer la France à l'*Etre suprême* dont il est l'inventeur, et brûler avec le flambeau symbolique de la foi la statue allégorique de l'Athéïsme. (Rires). — Et pendant ce temps, les prêtres catholiques s'introduisaient sous des déguisements dans les prisons de Paris pour ouvrir le ciel à ceux qui allaient quitter la terre, ou, cachés dans la campagne, élevaient des autels de verdure afin de célébrer le culte interdit devant nos populations bretonnes, de tout temps moins attachées à la cause de la Monarchie, et même moins dévouées aux intérêts de la noblesse, que justement soucieuses de conserver l'entière liberté de leur conscience ! (Sensation, mouvements divers).

Mais laissons ces tristes souvenirs à l'histoire. — Désormais (que chacun en prenne son parti !) il n'y aura plus, ni *Constitution civile* du clergé, ni Eglises fermées, ni prêtres persécutés. — C'est précisément parce que cela a été (et l'on est bien heureux aujourd'hui que cela ait été, pour avoir contre la République un grief rétrospectif, à défaut de grief actuel.— (Vifs applaudissements).— C'est précisément dis-je, parce que cela a été que cela ne sera plus ! — Le passé nous a enseigné notre intérêt. — Républicains, nous avons appris que c'est ainsi qu'on perd les Républiques ; Libéraux, nous avons vu que c'est ainsi qu'on prépare les réactions cléricales. — (Applaudissements) ; car, plus les événements sont terribles, plus les catastrophes sont générales, plus les destinées sont cruelles, — plus l'homme se sent petit, et croit voir la main même de Dieu conduire les choses qui surgissent, s'agitent et s'écroulent autour de lui. (Sensation). La leçon a été rude pour tout le monde ; mais, — du moins à nous, — elle a profité ! (Applaudissements).

Revenons à la Révolution américaine pour en dire un dernier mot. — Je vous en ai présenté le tableau d'ensemble. — Permettez-moi, — en finissant, — de détacher de ce grand cadre les deux figures les plus originales, les plus pures, et les plus Européennes : — je veux parler de Franklin et de Washington.

Franklin était un fils d'ouvrier, ouvrier lui-même. — Il a commencé, messieurs, par couler du suif dans des moules à chandelles. (Rires). Mais, — employant le jour à travailler des mains pour vivre, il passait une partie des nuits à travailler de tête pour s'instruire ; — il économisait sur l'argent destiné à sa nourriture de quoi acheter des livres, et sur les heures consacrées aux repas, assez de temps pour les lire. (Approbation). S'étant fait son éducation à lui-même, il collabora aux premiers journaux américains, fonda la première grande imprimerie, installa la première fabrique de papiers, et établit la première bibliothèque populaire. Devenu riche, il s'occupa de sciences, découvrit l'identité du fluide électrique et de la foudre, appliqua sa découverte en inventant le paratonnerre, — et fut élu, sans l'avoir sollicité, — ce qui est rare, — membre de toutes les académies. — Improvisé ambassadeur par une Révolution, qui manquait de grands seigneurs pour sa diplomatie et ne s'en trouvait pas plus mal (rires prolongés), il fut, près de la couronne d'Angleterre, le mandataire courageux des Colonies encore soumises, et, près du roi de France, le mandataire heureux des Etats-Unis insurgés. — Législateur, il contribua par son *humour* pleine de finesse narquoise, d'à-propos aimable et de bon sens éloquent, à faire adopter une Constitution qui ne le satisfaisait pas, et, à l'épreuve, il eut assez de sincérité et assez d'esprit pour reconnaître que les institutions qu'il avait recommandées comme nécessaires, étaient après tout, les meilleures que la République des Etats-Unis pût se donner. Après une carrière si active, si utile, si honorée, il s'éteignit plein de jours, méritant que Mirabeau montât à la tribune de l'Assemblée nationale pour proposer à la France de s'associer, par une manifestation publique, au deuil comme à l'admiration de l'Amérique pour ce grand homme ! (Applaudissements).

Washington avait moins de talents réunis que Franklin ; mais il montra un plus grand caractère. — Ce fut un général à l'âme de citoyen, et un président de République sans aucune ambition, — même celle, si légitime, — d'être réélu. (Rires et applaudissements. — L'unité de cette vie est dans un patriotisme, qui ne regardait pas le danger, mais le devoir. — La guerre n'était pour lui qu'une crise à traverser. — Il désirait, — plus encore que le dernier de ses soldats, — rentrer dans ses foyers. — Il ne demandait qu'à se retirer, en simple particulier, *à l'ombre de sa vigne et de son figuier*. Sans se laisser abattre par les revers, sans se laisser enivrer par le succès, il lutta contre des troupes régulières, bien conduites et fournies de tout, avec des milices mal payées, mal nourries, recrutées par engagements volontaires et se ressentant de l'indiscipline de l'insurrection. A certains moments, il fut comme abandonné par la Confédération, mais sans que jamais la détresse de ses compagnons d'armes, qui le navrait jusqu'au fond du cœur, lui arrachât une plainte qui pût ressembler à une menace contre la liberté. (Approbation). Enfin, à force de constance, de sages temporisations, d'habiles manœuvres, il amena la capitulation de l'armée anglaise et força ainsi le roi Georges à reconnaître l'indépendance complète de ces Colonies dont, quelques années auparavant, il ne pouvait supporter les modestes libertés. — Alors il fut soumis à une nouvelle épreuve. L'armée américaine menacée, à la paix, de se voir licenciée sans solde et sans pensions, fut sur le point de se mutiner, et lui offrit le pouvoir suprême. Simplement, comme se font les grandes choses, il dédaigna un trône qu'il fallait acheter au prix de son renom d'honnête homme; il ne songea qu'au pays, se faisant près de l'armée le défenseur de la République et près de la République le défenseur des intérêts de l'armée. (Applaudissements). — Rentré dans la vie civile, il fut appelé à être le premier dans la paix comme il avait été le premier dans la guerre. Elu président sans l'avoir désiré, il fut, à l'unanimité des voix, réélu contre son gré; mais il ne poussa pas l'abnégation jusqu'à subir une troisième Présidence, pressé qu'il était d'aller à Mount-Vernon, finir ses jours comme le plus désintéressé des citoyens et le plus modeste des anciens chefs d'Etat. (Applaudissements).

Voilà donc deux hommes de génie qui sont d'honnêtes gens! — Cela purifie l'air en quelque sorte, et repose des Bonaparte! (Salve de bravos). — Le noble et salutaire spectacle que celui de bons citoyens faisant de grandes choses, de la vertu qui réussit, et d'une gloire sans tâche fondée sur le respect de la Liberté! — L'exemple de Franklin ouvre un champ illimité d'espérances, — et d'espérances toutes légitimes! — à l'ouvrier le plus pauvre, le plus obscur et le plus isolé, et lui montre le chemin pour améliorer son sort, élever son intelligence et conquérir honnêtement une belle et large place au grand soleil. — L'exemple de Washington prouve aux hommes d'Etat que, — sous la République, — la politique peut devenir, non plus l'art de tromper les hommes et de les asservir comme sous la monarchie, mais l'art de leur assurer la somme de liberté, de bien-être matériel et de satisfactions morales compatibles avec les infirmités de notre nature humaine! (Vifs applaudissements).

Enfin, pour ceux qui veulent voir

les actions des hommes recevoir, dès cette vie, leur récompense ou leur châtiment, c'est une dernière satisfaction morale de comparer la mort de Washington à la fin de Napoléon Ier, — celui-ci maudit de son pays, abandonné des siens, dévoré d'ambitions encore inassouvies, consumé par le désespoir du pouvoir perdu, et semblable, sur son rocher de Sainte-Hélène, à l'antique réprouvé dont un vautour venait incessamment ronger le cœur ; — celui-là achevant une vie sans remords au sein du bonheur domestique, entouré de la reconnaissance nationale, suivi par l'admiration sans mélange de l'univers, et mourant comme finit un beau jour. (Applaudissements prolongés).

Ce n'est pas que j'espère décourager les Césars à venir (rires approbatifs) ; mais je voudrais vous dégoûter, vous, de vous faire de nouveau la proie de quelque César d'aventure (sensation, — applaudissements). Ne cherchez jamais que des Washington, c'est le moyen de vous épargner de nouvellles Révolutions et de garder la République ! (Triple salve d'applaudissements).

CORENTIN GUYHO.

Brest, Typ.-Lith. GADREAU.

www.ingramcontent.com/pod-product-compliance
Lightning Source LLC
LaVergne TN
LVHW010107230826
846091LV00005B/2136

* 9 7 8 2 0 1 1 7 7 8 9 2 5 *